Áron Lukács

Gli aspetti economici della disuguaglianza linguistica

NO ENGLISH TAX

Prefazione di Giorgio Pagano

Edito nel 2011

Via di Torre Argentina 76
00186 Roma
Tel. 0668979311 Fax 0623312033
info@democrazialinguistica.it
WWW.DEMOCRAZIALINGUISTICA.IT

Indice

No english tax

È il trionfo finale del sistema della dominazione quando i dominati cominciano a cantarne le lodi
Ngugi wa Thiong'o

Se da un lato esistono i pregiudizi, con la loro veste difficile da strappare per sua stessa natura, è anche vero che, dall'altro, esistono sarti abili nel vestire la verità. È forse per questo che capita spesso di sentirsi dire che l'inglese è la lingua delle relazioni internazionali per via della sua grande diffusione, o della sua semplicità, quando nessuna di queste due affermazioni ha alcunché di vero; o, magari, che l'Esperanto non lo sarà mai perché è una lingua artificiale, dimenticando che tutte le lingue lo sono e che la sua unicità sta nella non etnicità, il che, però, è fondamentale per il ruolo super partes che una lingua internazionale deve avere in un mondo democratico.

Nel leggere Lukács, ci si rende subito conto di una cosa semplice: è un pessimo sarto. La verità è completamente nuda, e anzi i suoi aspetti più sgradevoli sono ben marcati e tutt'altro che coperti: messa accanto al pregiudizio, risulta così in deshabillé che è facile vedere il pubblico distogliere lo sguardo. Eppure, la bellezza della verità sta proprio nelle sue evidenti contraddizioni, nel suo mostrarsi regalmente nuda e imperfetta: i difetti ne evidenziano la concretezza delle forme e mettono in risalto l'incorporeità del pregiudizio, la sua totale assenza di struttura ossea così sapientemente coperta da quegli ottimi sarti di cui Lukács proprio non farà mai parte.

Il pregiudizio, elegantemente abbigliato, ci consiglia di accantonare l'Esperanto, esperimento fallito di una lingua delle pari opportunità, e di consegnarci senza resistenza all'inglese, che, benevolo, ci apre le porte del lavoro e della diplomazia.

La verità nuda e cruda è quella riportata da Lukács: la disuguaglianza linguistica porta a svantaggi economici, occupazionali, politici e culturali per gli Stati non anglofoni e va completamente a vantaggio del Regno Unito, almeno per quanto riguarda l'Unione Europea. Questo è il motivo per cui si vuole impedire l'affermarsi di una lingua terza e si fa di tutto per imporre l'inglese come unica lingua straniera, garantendo così una concorrenza sleale che è una polizza a vita per almeno un paio di note superpotenze mondiali.

Sebbene la discriminazione linguistica sia condannata dall'art. 2 della Dichiarazione Universale dei diritti dell'uomo, e se ne faccia espressamente divieto agli art. 21 e 22 della Carta dei diritti fondamentali dell'UE, che è diventata giuridicamente vincolante dal 1° dicembre 2009 con l'entrata in vigore del Trattato di Lisbona, il fenomeno a cui noi stiamo assistendo da italiani è quello di una svalutazione progressiva della nostra lingua madre e dei nostri madrelingua, a cui si contrappone una sopravvalutazione dell'inglese e degli anglofoni per diritto di nascita. Se gli Stati Uniti hanno spesso ribadito l'importanza vitale per la loro economia della disparità linguistica di cui godono, gli italiani sembrano aver contratto, a partire dal Dopoguerra, una sindrome di Stoccolma elevata a potenza nei confronti degli americani e degli inglesi, che l'anglofilia smodata di Sordi nel suo ruolo più celebre di "americano a Roma" ritrae molto più cautamente di quanto non faccia, ad esempio, l'attuale Riforma dell'Istruzione firmata dal ministro Gelmini. I risultati li vediamo nella posizione di svantaggio in cui si trovano i nostri studenti e lavoratori rispetto a quelli inglesi.

Senza voler anticipare troppo del libro, al fine di non togliere al lettore il sacrosanto diritto all'indignazione graduale, e non subitanea (che altrettanto rapidamente svanisce), possiamo però dire che i dati di Lukács ci mostrano chiaramente quanto ci costa e quanto fa guadagnare agli inglesi il monopolio linguistico di cui essi godono.

Come radicali non è affatto la politica dei Paesi anglofoni a stupirci: è perfettamente naturale giocare tutte le proprie carte quando ci si trova in competizione. Gli inglesi hanno alle spalle una lunghissima tradizione coloniale e una genuina sapienza nel saper esportare la propria lingua e cultura, potremmo dire quasi innata. A tutt'oggi il fenomeno a cui assistiamo è quello di una colonizzazione più o meno aperta, e sarebbe interessante approfondire, con gli occhi di chi vede l'egemonia della lingua inglese aumentare di anno in anno nel proprio Paese a scapito dell'idioma nazionale, cosa stia accadendo in stati come la Corea del Sud, in cui c'è addirittura un dibattito serrato sull'istituzione dell'inglese come lingua ufficiale in una nazione pressoché monolingue coreana.

Ciò che stupisce invece è la politica dei governi italiani. Dal 2004, anno in cui l'inglese viene imposto come unica prima lingua straniera in Italia (a dispetto degli ammonimenti del Commissario all'Istruzione e al Multilinguismo Jan Figel), ad oggi, il sistema educativo italiano è passato dal privilegiare la lingua inglese rispetto alle altre lingue straniere al favorirla completamente a scapito di quella italiana. Con l'entrata in vigore del Decreto Gelmini (n.249 del 10 settembre 2010), diventa obbligatorio il raggiungimento di un livello d'inglese pari al First Certificate dell'Università di Cambridge per chiunque voglia dedicarsi all'insegnamento di qualsiasi disciplina. A questa misura si affianca il CLIL, che istituisce lo studio in inglese di discipline non linguistiche, aprendo un mercato ancora più vasto ai madrelingua anglofoni e chiudendolo agli italiani. Non essendo questa la sede per esaminare le devastanti conseguenze economiche, culturali e occupazionali di tali iniziative, ci limiteremo a prendere in considerazione un altro dato: nel 2010 gli investimenti governativi sulla lingua italiana scendono del 53%, 600mila euro contro i 220 milioni dello Stato britannico o i 218 della Germania.

È una forma di "masochismo linguistico"? O forse sarebbe più opportuno parlare di "collaborazionismo alla colonizzazione anglofona"? Non sappiamo quale sia la definizione più adatta per questa politica linguistica. Sappiamo però che, se continua in questa direzione, non potremo darle alcuna definizione in lingua italiana, ma dovremo chiedere qualche altro motto in prestito al Global English, che conta ormai un milione di parole e mette in crisi gli inglesi stessi, i quali, se è vero che hanno ottimi motivi economici e politici per perseguire questa linea di espansione, malgrado ciò dal punto di vista culturale e strettamente linguistico ne stanno facendo anche loro le spese.

Il sistema linguistico di un popolo, infatti, è un sistema che ha bisogno di una rigida regolamentazione in tema di importazioni, non è e non potrà mai essere un terreno neutrale o “zona franca” come invece è nato per essere l’Esperanto. La situazione è dunque, sotto ogni aspetto, quella di una deriva che pare inarrestabile.

Dopo sessant’anni di regime partitocratico, noi italiani ci siamo gradualmente abituati a una concezione della Carta costituzionale come scintillante diadema puramente ornamentale sulla fronte della bella Repubblica, quasi un attributo estetico piuttosto che un codice etico. Abdichiamo volentieri, di fronte alla fatica dell’impegno che l’esercizio della volontà popolare comporta, quando vediamo la stessa vittima di palesi violazioni, che sia stata espressa pochi anni fa con un referendum o molti anni fa attraverso la stesura della Costituzione italiana, “la più bella del mondo” secondo molti politici che amano ignorarla, e vi fanno perciò riferimento con un attributo estetico (“bella”) piuttosto che etico (“giusta”), evitando così di assumersi le responsabilità che l’etica comporta e limitandosi alla contemplazione estatica ed estetica.

È forse questa la ragione per cui il nostro sguardo si posa pigro e indolente sull’aperta violazione del Trattato di Lisbona che comportano misure nazionali, come quelle sopra citate, ma anche europee, come l’imposizione del trilinguismo per i brevetti o i bandi di concorso. I nostri governanti-esteti si sono anzi impegnati non per far valere democraticamente il “diritto linguistico” di un Paese fondatore dell’Unione europea come è il nostro, ma per convincere Francia e Germania a farsi da parte e a concedere al solo inglese l’opportunità di essere la lingua ufficiale dei brevetti. Stranamente, francesi e tedeschi sono stati un po’ restii a rinunciare all’immenso risparmio che implica il poter fare a meno di un traduttore e di un intermediario, oltre naturalmente al prestigio internazionale e ai vantaggi per le loro aziende, con l’unica ragione d’inchinarsi a una sorta di culto della superiorità linguistica, e hanno invece chiesto la cooperazione rafforzata, dando un sonoro schiaffo a Italia e Spagna.

Francia e Germania hanno capito i vantaggi della disuguaglianza linguistica. Gli stessi francesi che, qualche tempo fa, tuonavano contro l’anglofonia, fanno adesso buon viso a cattivo gioco proponendo persino di iniziare all’inglese i bambini dell’asilo, ma quando si tratta di questioni come quella dei brevetti ritrovano la grandeur abbastanza rapidamente da aggiudicarsi una posizione di favore rispetto agli altri Stati membri.

Nell'attesa che i nostri governanti realizzino il prezzo che l'Italia sta pagando per la politica contraria, ossia quella d'inginocchiarsi a una supremazia arbitraria riducendo il processo di unificazione europea a una mera opera di colonizzazione, vi affidiamo a Lukács che ha saputo calcolarlo, questo prezzo, in maniera esaustiva. È un dazio alto e per giunta superfluo, specie se si considera che la lingua internazionale c'è già: è neutrale, terza, semplice da imparare e perfettamente funzionale a ogni tipo di relazione. Lo scoglio che si pone di fronte all'esperanto non è culturale né ideologico, ma nasce solo ed esclusivamente dagli aspetti economici della disuguaglianza linguistica.

La consapevolezza che la lingua sia danaro, infatti, è tutt'altro che un segreto esoterico, gelosamente custodito da pochi. Al contrario, è un concetto basilare nella politica della maggior parte delle aziende e dei governi nel mondo. Per dimostrarlo basta un esempio del tutto casuale: il T-Index, ovvero l'indice dei valori che indicano la quota di mercato di ogni lingua su Internet e aiuta a generare la classifica delle lingue che hanno maggior potenziale d'acquisto. Lo studio, che mette in rilievo le lingue sulle quali è conveniente investire con maggiore urgenza, mostra che il valore percentuale della lingua inglese è pari al 34,8%, contro l'11,3% del Cinese semplificato, al secondo posto.

È bene perciò tenere presente che, sebbene i calcoli di Áron Lukács mettano in luce gli aspetti fondamentali dal punto di vista economico della disuguaglianza linguistica, non sarà mai possibile quantificare interamente i vantaggi reali che un Paese accumula grazie all'espansione indotta e incontrollata del proprio idioma, nella concorrenza con le altre potenze mondiali. In altre parole, i privilegi linguistici sono incalcolabili.

Ciò è tanto più vero se si considera che l'analisi economica di Lukács riguarda quelle che da sempre sono conosciute come Comunità Economiche Europee: ebbene nella CEE, improvvisamente il dato economico rapportato agli oligopoli versus monopolio linguistico è messo a tacere. In presenza di un Articolo 4 del Trattato Istitutivo dell'Unione Europea, che rammenta come le azioni degli Stati membri e dell'Unione Europea devono essere condotte «conformemente al principio di un'economia di mercato aperta e in libera concorrenza» lo studio di Lukács dimostra come la situazione attuale dell'uso delle lingue nell'Unione europea alteri seriamente il mercato e rappresenti un grande ostacolo alla libera concorrenza, eppure tutti i nostrani economisti sembrano concordi: pagare il dazio linguistico! Assolutamente sì alla tassa linguistica inglese.

Per comprendere un fenomeno di tali proporzioni e pervasività ci viene incontro la Skutnabb-Kangas che nel suo "Indigenous Children's Education as Linguistic Genocide and a Crime Against Humanity?" L'istruzione dei bambini indigeni come genocidio linguistico e crimine contro l'umanità, (p.83), spiega attraverso quali stadi «le idee vengono utilizzate per forzare un gruppo subordinato ad accettare e persino contribuire al rafforzamento della loro posizione subordinata:

1. glorificazione del gruppo dominante, della sua lingua, cultura, norme, tradizioni, istituzioni, livello di sviluppo e rispetto dei diritti umani;
2. stigmatizzazione e svalutazione dei gruppi minoritari/subordinati, le loro lingue, culture, norme, tradizioni, istituzioni, livello di sviluppo, rispetto dei diritti umani e così via, in modo tale che vengano visti come tradizionalisti, arretrati, incapaci di adattarsi alla società dell'informazione tecnologica postmoderna;
3. razionalizzazione delle relazioni tra i gruppi a livello economico, politico, psicologico, educativo, sociologico, linguistico, cosicché ciò che il gruppo dominante (o i gruppi dominanti) fa sembra sempre funzionale e benefico per i gruppi minoritari/subordinati (la maggioranza sta "aiutando", "dando sostegno", "civilizzando", "modernizzando", "insegnando la democrazia", "garantendo i diritti" e "proteggendo la pace mondiale").

Questa rassegnazione e l'apparente "consenso" della pratica, tuttavia, è sempre dovuto all'enorme disparità delle relazioni di potere, e spesso a un'esperienza della forza, implicita ma enorme».

In India siamo arrivati persino all'idolatria nei confronti della lingua inglese. I dalit, la casta degli intoccabili, in Uttar-Pradesh, sta costruendo un tempio a una nuova divinità, certi che il culto della dea possa aiutarli nell'avanzata sociale. L'entità, rappresentata con un

computer ai piedi, una penna in una mano e la costituzione indiana nell'altra, è precisamente la dea dell'inglese. La lingua viene adorata in quanto garantirebbe lavoro, decoro e integrazione ai fuori casta, e la sua statua svetta nel villaggio dove presto sorgerà il tempio. Questo, che ci crediate o no, ha un nome per noi italiani a dir poco emblematico: Tempio di Banka.

Giorgio Pagano

Riepilogo dello studio

Le attività degli Stati membri e dell'Unione Europea devono essere sostenute «conformemente al principio di un'economia di mercato aperta e in libera concorrenza» (art. 4 del Trattato che istituisce la Comunità Europea, versione consolidata). Questo studio indaga su come questo principio fondamentale dell'Unione venga messo in pratica nell'ambito dell'uso della lingua.

La conclusione è che la situazione attuale dell'uso delle lingue nell'Unione Europea altera seriamente il mercato e ostacola fortemente la libera concorrenza. Nel breve periodo avvantaggia i cittadini e le compagnie di alcuni Paesi, ma mette in condizioni svantaggiate i cittadini e le compagnie della maggior parte degli Stati membri. Nel lungo periodo è un ostacolo anche ad uno sviluppo economico più efficiente per la UE nel suo complesso.

L'apprendimento delle lingue nell'Unione costa circa 60 miliardi di euro all'anno, senza contare i costi di viaggio e di soggiorno in altri Paesi per l'apprendimento linguistico. La somma di questi ultimi, solamente riguardo al Regno Unito, è di circa 13 miliardi di euro annui. Tuttavia, se consideriamo anche quanto tempo si spende per imparare le lingue e se monetizziamo questo tempo (sulla base del costo del lavoro medio nella UE) giungiamo alla cifra di circa 210 miliardi di euro annui.

I costi della traduzione e dell'interpretariato sono molto minori, ma non trascurabili: circa 6 miliardi di euro all'anno. Comunque ci sono anche fattori molto più importanti, ma sono molto più difficili da quantificare. Tra essi ci sono la perdita di informazione dovuta ai problemi linguistici e lo svantaggio di alcuni partecipanti all'economia internazionale e ad altre cooperazioni. Secondo una stima indicativa il costo di questi fattori ammonterebbe ad almeno 70 miliardi di euro l'anno nella UE.

Così si arriva ad una somma totale di circa 350 miliardi di euro annui, che equivalgono a più del 3% del PIL (nei dati del 2005).

Nondimeno, il problema più grande probabilmente non è l'importo, ma la distribuzione di questa somma. È principalmente il Regno Unito a raccogliere i frutti di questa situazione, mentre la maggior parte degli altri Paesi sta perdendo denaro. Secondo le stime in questo studio, i cittadini degli altri Stati membri della UE stanno pagando alla Gran Bretagna, nascostamente, circa 900 euro pro capite ogni anno. Poiché questo processo sta continuando già da alcuni anni, la somma si sta accumulando. Ipotizzando un periodo di 20 anni, e un tasso di interesse al 10%, si arriverebbe a una cifra di circa 55.000 euro a persona.

Introduzione

In questo studio esamino quanto l'attuale situazione linguistica dell'Unione Europea segua i principi economici del capitalismo e l'esigenza di una giusta concorrenza.

Il Trattato che istituisce la Comunità Europea (d'ora innanzi: il Trattato) stabilisce quanto segue[1]:

«*Articolo 4*

1. Ai fini enunciati all'articolo 2, l'azione degli Stati membri e della Comunità comprende, alle condizioni e secondo il ritmo previsti dal presente trattato, l'adozione di una politica economica che è fondata sullo stretto coordinamento delle politiche degli Stati membri, sul mercato interno e sulla definizione di obiettivi comuni, condotta **conformemente al principio di un'economia di mercato aperta e in libera concorrenza**» (enfasi dell'autore).

Il Trattato descrive inoltre nel dettaglio gli obblighi ai quali gli Stati membri devono attenersi per raggiungere «un'economia di mercato aperta e in libera concorrenza». Il nodo centrale di queste disposizioni è che gli Stati membri non possono intraprendere azioni che alterino la concorrenza, o che garantiscano vantaggi competitivi sleali nei settori dell'economia, delle imprese o di interi Stati membri.

In relazione a ciò, è utile fare una piccola digressione sul significato di competitività dei Paesi. Sebbene alcuni autori affermino che la competitività non possa essere definita rispetto ad un intero Paese, ma solo per le imprese o per gruppi di imprese, sono in disaccordo con ciò – come molte altre persone. Penso che coloro che dicono che ogni Paese ha la sua competitività abbiano ragione. Ad esempio l'OCSE

(Organizzazione per la cooperazione e lo sviluppo economico) la definisce in questi termini:

«*Il grado con cui un paese può, in condizioni di mercato libere ed eque, produrre beni e servizi che superino gli esami dei mercati internazionali, e allo stesso tempo mantenga ed espanda le entrate reali della popolazione nel lungo periodo*»[2].

Un'altra rispettabile istituzione internazionale, il Forum Economico Mondiale in Svizzera, pubblica regolarmente le statistiche che indicano la competitività di ogni Paese[3].

Per ciò che riguarda il mio studio, un altro fattore importante è costituito dall'enfasi speciale che il Trattato che istituisce la Comunità Europea pone nel mitigare le differenze di sviluppo economico tra Stati membri e le varie aree.

«*Articolo 158*

Per promuovere uno sviluppo armonioso dell'insieme della Comunità, questa sviluppa e prosegue la propria azione intesa a realizzare il rafforzamento della sua coesione economica e sociale.

In particolare la Comunità mira a ridurre il divario tra i livelli di sviluppo delle varie regioni ed il ritardo delle regioni meno favorite o insulari, comprese le zone rurali.»

Secondo quanto enunciato sopra, è necessario esaminare come le difficoltà linguistiche influenzino la competitività di ogni Stato membro nell'Unione Europea, fino a che punto esse alterino il mercato e favoriscano l'economia di alcuni paesi e/o ne danneggino altre. Nel caso in cui l'alterazione causata delle difficoltà linguistiche sia insignificante, non sarà particolarmente necessario porre attenzione ai suoi effetti. (Tuttavia il settore culturale, e altri, potrebbero necessitare dei cambiamenti, ma questo non è argomento del presente studio.) Nondimeno, se le difficoltà linguistiche alterano in maniera significativa la competitività sul mercato, allora – secondo il Trattato – occorrono provvedimenti immediati.

I. Costi dell' apprendimento linguistico

Imparare le lingue ha molti costi, che possono essere divisi in due grandi gruppi:

1. costi diretti dello studio delle lingue,
2. costi opportunità dello studio delle lingue.

1. Costi diretti dello studio delle lingue

In questo capitolo analizzerò i costi statali e individuali annui dell'apprendimento di lingue straniere in Ungheria e nell'Unione Europea.

Vari studi dimostrano che una persona con capacità nella media impiega 2000 ore per dominare una prima lingua straniera ad un livello che permetta di tenere una conversazione seria, od essere utilizzata relativamente bene sul lavoro. Comunque questa conoscenza non è nemmeno paragonabile al grado di conoscenza di un madrelingua, perciò questo tipo di conoscenza è meno competitiva. Ciò verrà discusso in maniera più approfondita nella parte intitolata "Svantaggi per coloro che non parlano la lingua della comunicazione specifica come prima lingua".

Il periodo menzionato sopra equivale esattamente a un anno lavorativo. Occorre generalmente il 20% in meno del tempo a padroneggiare una seconda lingua straniera, vale a dire 1600 ore.

Nel caso in cui lo Stato finanzia l'apprendimento esistono dei costi diretti personali per l'apprendimento delle lingue (acquisto di libri, computer, ecc.), ma essi sono relativamente bassi per un individuo se comparati ad altri costi.

Secondo uno studio compiuto in Svizzera, l'insegnamento delle lingue straniere costituisce il 10% dell'intero costo dell'istruzione. Lo studio stabilisce che questa proporzione non è diversa anche in altri paesi, e per quanto riguarda differenti metodi di insegnamento in varie scuole la cifra varia sempre intorno al 5-15%[4].

Secondo il database dell'Ufficio ungherese di Statistica, KSH[5], le spese del Governo per la pubblica istruzione ammontavano nel 2005 a 1170 miliardi di fiorini ungheresi. Dallo stesso database sappiamo anche la quantità di denaro che una persona media spende dei propri guadagni in Ungheria per fini di istruzione[6]. Nel 2005 erano 5418 fiorini all'anno, pagati dai guadagni netti (cioè dopo averci già pagato le tasse). Di conseguenza, e in relazione a ciò, bisogna considerare anche le entrate provenienti dalle tasse individuali e dai contributi di previdenza sociale. Essi costituiscono in media un ammontare pari al guadagno netto. Dato che l'istruzione viene pagata per la maggior parte da persone in età attiva (i pensionati pagano relativamente poco), i 5418 fiorini devono essere moltiplicati per almeno 1,7 – stima indicativa, prendendo in considerazione anche altri fattori. Quindi, nel 2005 i costi medi per persona inerenti l'istruzione sono stati di 9210 fiorini ungheresi. Se si considerano 10 milioni di residenti, possiamo concludere che la popolazione ha speso direttamente per l'istruzione 100 miliardi di fiorini. Perciò tutti i soldi spesi per l'istruzione raggiungono 1300 miliardi di fiorini nel 2005. Il dieci per cento è 130 miliardi di fiorini. (A tal proposito, l'apprendimento linguistico ha una parte molto più grande nei costi individuali per l'istruzione rispetto a quella nelle spese statali, ma considerando che i costi individuali sono relativamente bassi in proporzione ai costi totali, possiamo usare qui la cifra del 10% a scopo esemplificativo.)

Nel 2005 il PIL è stato di 22000 miliardi di fiorini. I 130 miliardi ne costituiscono lo 0,6%!

Nella Tabella 1 introduco le proporzioni e gli importi delle spese per la pubblica istruzione nell'Unione Europea. Riguardo ai paesi comunitari, abbiamo i seguenti dati sui costi dell'istruzione nel 2003 (l'ultima colonna è costituita da calcoli miei)[7].

Tabella 1. Spese statali per l'istruzione e spese per l'istruzione linguistica

Fonte: Supplemento al 2002 GFS Yearbook

	Spese statali per l'istruzione (miliardi di euro a parità di potere d'acquisto)	**Spese statali per l'istruzione (in percentuale sul PIL)**	**Spese individuali per l'istruzione (in percentuale sul PIL)**	**Spese per l'istruzione linguistica (miliardi di euro a parità di potere d'acquisto)**
UE-25	515.6	4.9	0.6	57.873
UE-15	470.5	4.9	0.6	52.811
Area Euro	364.1	4.8	0.6	40.961
Belgio	16.1	5.8	0.4	1.721
Repubblica Ceca	6.8	4.3	0.4	0.743
Danimarca	11.7	6.7	0.3	1.222
Germania	91.5	4.4	0.9	11.022
Estonia	0.8	5.3	–	0.080
Grecia	8.2	3.9	0.2	0.862
Spagna	38.2	4.2	0.5	4.275
Francia	88.5	5.7	0.6	9.782
Irlanda	5.1	4.1	0.3	0.547
Italia	64.1	4.5	0.4	6.980
Cipro	0.9	6.5	1.4	0.109
Latvia	1.1	4.9	0.8	0.128
Lituania	1.8	4.8	0.5	0.199
Lussemburgo	0.9	4.0	:	0.090
Ungheria	7.8	5.5	0.6	0.865
Malta	0.3	4.4	1.4	0.040
Paesi Bassi	22.3	4.5	0.5	2.478
Austria	11.7	5.2	0.3	1.238
Polonia	21.9	5.6	0.7	2.464
Portogallo	9.3	5.5	0.1	0.947
Slovenia	2.0	5.4	0.9	0.233
Slovacchia	2.6	4.3	0.5	0.290
Finlandia	8.2	6.0	0.1	0.834
Svezia	16.8	6.6	0.2	1.731
Gran Bretagna	77.8	5.1	1.0	9.305

Il prodotto interno lordo (PIL) dell'Unione Europea (UE25) è stato 10817 miliardi di euro nel 2005[8], il che significa che in quell'anno i paesi membri hanno pagato 60 miliardi di euro per l'apprendimento delle lingue.

Ciò nonostante, questa non è affatto la spesa più elevata!

I costi opportunità sono molto più grandi. Tuttavia, prima di elencarli, citerò alcuni altri elementi dei costi diretti.

In primo luogo, il numero sopra citato non include i costi di viaggio per determinate aree linguistiche al fine di imparare una lingua straniera (spese di viaggio, costi di alloggio, ecc.).

Secondo le cifre del Regno Unito riguardo all'apprendimento linguistico possiamo concludere che:

- ogni anno vengono pubblicati 800 milioni di libri relativi all'apprendimento della lingua inglese.
- ogni anno 700 mila persone si recano in Inghilterra per imparare la lingua.
- nel 2005 queste persone hanno speso approssimativamente 2,6 miliardi di euro direttamente nel Regno Unito. Tuttavia, secondo Phillipson[9], il Regno Unito ha avuto entrate per 13 miliardi di euro grazie all'apprendimento dell'inglese. Secondo Grin[10], nel 2004 sono stati 15 miliardi, che equivalgono, con gli interessi, a 17,4 miliardi di euro. Tra le due cifre c'è un grande divario, ma ciò è possibile poiché potrebbe attivarsi l'effetto moltiplicatore, processo osservabile, ad esempio, anche negli investimenti infrastrutturali.

Riassumendo i calcoli precedenti si ottiene una stima indicativa di tutti i costi diretti dell'apprendimento linguistico nell'Unione Europea, che supera i 70 milioni di euro.

Passiamo ora ai costi opportunità dell'apprendimento linguistico, tenendo conto della proporzione con quelli sopra citati.

2. Costi opportunità dello studio dell'apprendimento delle lingue

I costi opportunità dell'apprendimento delle lingue includono quelle attività o rendimenti potenziali che potrebbero essere svolte o ottenuti nel tempo "perso".

Se consideriamo il tempo di un anno lavorativo, possiamo affermare che coloro che studiano una lingua straniera cominciano a lavorare un anno più tardi di coloro che non la studiano, il che implica non solo la perdita di reddito, ma diminuisce anche il rendimento dell'economia nazionale, incluse molte imprese, e ancor più significa un anno di buco nelle entrate fiscali dello Stato. Perciò la società deve "sostenere" ogni generazione un anno in più. (Ovviamente conoscere le lingue ha anche dei vantaggi per quanto riguarda il reddito, ma questi non sono rilevanti per l'argomento trattato nel mio studio).

Facendo i calcoli sulla base del salario netto medio (secondo il database del KSH, 104000 fiorini ungheresi nel 2005) il divario è di 12×104000, quindi una perdita di 1248000 nell'arco dell'anno per ogni salariato. Inoltre ci sono le tasse e i contributi di previdenza sociale che provengono dai salari, che costituiscono una perdita per la finanza pubblica. Essi ammontano approssimativamente alla stessa cifra del salario netto. Il database del KSH mostra anche che, nel 2005, il numero dei lavoratori dipendenti era 4,2 milioni; di conseguenza, l'intero salario, incluse tasse e contributi, è stato di 1248000×4200000, quindi 5242 milioni di fiorini (per tutta l'economia nazionale). Ipotizzando un periodo lavorativo generale di 40 anni, la perdita sarebbe 1/40 di esso, e quindi 131 miliardi di fiorini (poiché ogni anno la parte di 1/40 viene divisa equamente, e noi stiamo calcolando i costi su di un anno). Questo dunque giunge allo 0,6% del PIL.

Secondo la banca dati Eurostat, nell'Unione dei 25 il costo medio del lavoro nel 2005 è stato di 21,2 euro all'ora. La proporzione degli impiegati è stata del 63,8% (considerando i residenti tra i 15 e i 64 anni, che sono il 67,2%, quindi 308,8 milioni di persone dell'intera popolazione della UE25, che è 459,5 milioni). Ciò significa che il numero totale degli impiegati era di 198 milioni. Moltiplicato per il costo del lavoro calcolato in precedenza, calcolando 2000 ore di lavoro all'anno, fa 21,2×2000×198000000, cioè 8395 miliardi di euro.

Dividendo per 40 otteniamo 210 miliardi di euro, ed è quindi questo il costo opportunità annuale causato dall'apprendimento linguistico. Una cifra tre volte maggiore di quella dei costi diretti!

Devo notare che i numeri sopra citati si riferiscono all'apprendimento di una sola lingua straniera. Naturalmente nel caso di molte lingue straniere le spese sono molto più alte. D'altro canto è possibile che alcune persone non imparino alcuna lingua straniera, e perciò i costi sarebbero più bassi di quelli a cui sono giunto. È mia opinione personale, tuttavia, che nel mondo odierno sia essenziale imparare le lingue straniere, e che presto o tardi ognuno sarà obbligato a farlo.

Devo anche sottolineare che questi problemi (così come i costi) riguardano in primo luogo quelle persone che non hanno l'inglese come lingua madre. Le persone di madrelingua inglese sono molto avvantaggiate in questo campo, di cui parlerò diffusamente in seguito.

II. Costi della perdita di informazioni dovuta a difficoltà linguistiche

La perdita d'informazione è uno dei problemi più significativi e si verifica in diversi modi. Questo comporta svantaggi principalmente per coloro che non comunicano in inglese.

L'interpretariato è uno dei fattori più importanti mediante il quale parti consistenti d'informazione vanno perse. Ciò si applica anche a situazioni in cui vengono impiegati interpreti professionisti, esperti, per esempio nelle istituzioni dell'Unione Europea a Bruxelles. Come esempio pratico potrei citare gli incontri del Consiglio Europeo che costituiscono i forum di consultazione e delibera dei capi di Stato o di governo degli Stati Membri, in cui i rappresentanti dei vari paesi parlano nella propria lingua madre. Perfino durante riunioni di esperti, in molte occasioni i partecipanti parlano nella propria lingua. In questi casi, coloro che parlano inglese godono d'un immenso vantaggio per due ragioni:

Da un lato, dato che praticamente tutti i partecipanti capiscono l'inglese, tutti possono comprendere i rappresentanti del Regno Unito senza interprete, mentre questi possono capire gli altri solo a mezzo interprete. I britannici, di conseguenza, dispongono d'un eccezionale vantaggio durante le discussioni e possono far valere le proprie opinioni più facilmente dato che l'esperienza pratica dimostra che i discorsi dei partecipanti non-britannici sono spesso incomprensibili agli altri. In molte occasioni gli esperti danno la caccia ai colleghi non-anglofoni per riuscire a sapere di cosa stava parlando una certa persona (ad esempio il leader d'un determinato paese).

Un problema aggiuntivo è che presso le istituzioni dell'UE è impossibile tradurre contemporaneamente ciascuna lingua in tutte le altre a causa del gran numero delle lingue stesse. Nel caso di 25 lingue, 25x24, sarebbero perciò necessarie 600 differenti traduzioni. D'altro canto esiste una norma nelle istituzioni dell'Unione secondo cui un corpo d'interpreti ha il diritto di tradurre esclusivamente nella propria lingua madre. Ciononostante è impossibile assumere così tanti interpreti, ed una tale mole di traduzioni rende assai difficoltoso trovare esperti adatti, poiché in questo caso durante tutte le riunioni del Consiglio (perciò incontri tra primi ministri, ministri delle finanze, dei trasporti, ecc.) dovrebbero, ad esempio, fornire interpreti da conferenza per tradurre dal lituano, lettone, estone, portoghese ed altre lingue dell'Unione in ungherese, che parlino quest'ultimo come lingua madre.

Per evitare questo grosso problema i discorsi vengono prima tradotti in una lingua intermedia – quasi sempre l'inglese – e quindi ritradotti da questa lingua intermedia nelle altre. La doppia interpretazione porta a ripetute perdite d'informazioni. (Numerose esperienze pratiche dimostrano che si verificano casi d'errori quotidiani durante le traduzioni come negli scritti umoristici di Frigyes Karinthy, il noto scrittore e poeta ungherese. Questi, nel suo scritto intitolato *Műfordítás* [Traduzione d'una Poesia] aveva tradotto diverse volte una poesia dall'ungherese al tedesco e viceversa. Alla fine il significato della poesia risultava completamente cambiato.)

Nella prassi delle istituzioni dell'Unione Europea, non scrivere in inglese (o magari in francese) comporta seri costi per individui, compagnie ed altri enti che si rivolgano a queste istituzioni. In linea teorica, è permesso tra le istituzioni dell'Unione scrivere nella lingua ufficiale d'ogni Stato Membro. In pratica, tuttavia, se qualcuno scrive in una lingua diversa dall'inglese o magari dal francese, anche se il funzionario competente per la questione riceve la lettera ciò non è di nessuna utilità poiché non è in grado di leggerla. Dal momento che la traduzione ufficiale di simili lettere esige parecchio tempo, l'amministratore di solito si rivolgerà dapprima ad un collega per avere una sommaria, abbozzata, traduzione dello scritto. Da una parte, ciò ostacola chiunque nel proprio lavoro – ed è questa una delle ragioni per cui questo tipo di lettere non sono affatto gradite – d'altra parte in occasione di queste "traduzioni veloci" si verificano di nuovo gravi perdite d'informazioni. Un ulteriore svantaggio è che il mittente di tale scritto otterrà la risposta ampiamente posticipata.

Perdite d'informazioni non si verificano unicamente in quest'area. Imprese, istituti di ricerca, comunicazione tra singoli individui, flussi di informazioni a tutti i livelli sono ostacolati grandemente dall'uso di lingue differenti. Ciò si verifica in molti modi diversi: per esempio non si riesce ad inviare informazioni utili in tempo a partner stranieri, in una conferenza i partecipanti che non hanno la conoscenza d'una data lingua sono svantaggiati, è per loro difficile comprendere espressioni standard dell'ambito internazionale o industriale che sono principalmente in inglese. Ciò comporta costi ingenti per quanto riguarda l'economia nazionale d'un paese.

III. Costi aggiuntivi per la società e l'economia

Nelle maggior parte dei Paesi le diverse istituzioni e imprese spendono una significativa somma di denaro per essere in grado di comunicare in lingue straniere (principalmente in inglese). Hanno le loro pubblicazioni, opuscoli tradotti in inglese, stampandoli a significativi dati di costo. Sui loro siti internet, le informazioni sono date anche in lingue straniere, generalmente in inglese (occasionalmente solo le informazioni più importanti, ma in numerose occasioni raddoppiano in pratica i loro siti internet). Richiede molto denaro anche acquisire e mantenere negoziatori che parlino altrettanto bene le lingue straniere.

La somma di denaro spesa per interpretariato e traduzione è stimata intorno ai 5 milioni di euro nell'UE dei 15[11].

In seguito all'allargamento UE nel 2004, la popolazione è aumentata del 19,3%, ma l'importo nazionale dei nuovi Paesi membri è intorno al 50% di quello dei vecchi Paesi membri, e basandoci su questo, dobbiamo ritenere che il mercato sia aumentato del 10%. Perciò, nell'UE dei 25, la somma di denaro spesa in traduzioni e interpretariato era di 5,5 milioni di euro nel 2004[12].

Nel caso in cui la distribuzione fosse paritaria, ogni Paese dividerebbe i costi della comunicazione in lingua in proporzione alla sua popolazione nell'Unione europea. Nella Fig. 2 si può osservare che per quanto riguarda la comunicazione in lingua è ben lungi dall'essere così, poiché secondo la Commissione Europea, la lingua inglese ne costituisce il 50%!

Ergo, basata sulla distribuzione della popolazione, la comunicazione in inglese o dall'inglese dovrebbe costituire il 13% di tutti i costi, che significherebbe 0,72 milioni di euro. Tuttavia, questo costo è attualmente di 2,76 milioni di euro, che è circa il quadruplo del primo!

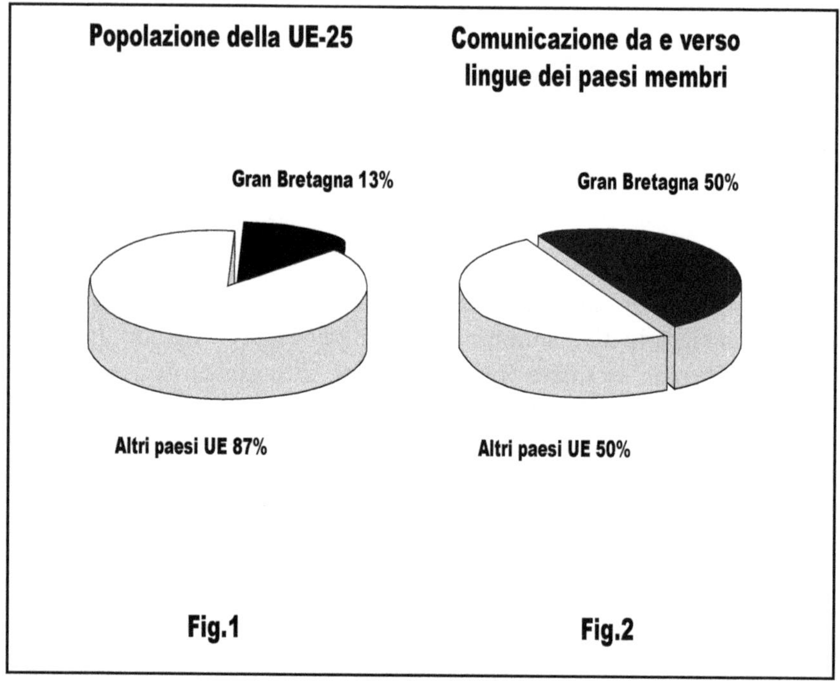

Fig.1

Fig.2

Quindi i Paesi membri pagano approssimativamente 2 milioni di euro in più per comunicare tramite la lingua inglese.

Il monopolio linguistico dà vantaggi aggiuntivi a coloro che parlano una determinata lingua. I parlanti della lingua dominante hanno anche vantaggi nel lanciare sul mercato determinati servizi (come l'insegnamento di quella data lingua, interpretariato, traduzione, revisione o pubblicazione di testi in quella lingua, fornitura e trasporto all'estero di materiali educativi). Se guardiamo i materiali o i siti internet del Regno Unito, difficilmente possiamo trovarne uno in lingue straniere, mentre negli altri Paesi ogni importante compagnia o istituzione ha una versione inglese del proprio sito internet.

IV. Svantaggi per coloro che non parlano la lingua della comunicazione specifica come prima lingua

Gli svantaggi per coloro che non parlano una determinata lingua come prima lingua sono molto variabili e difficilmente possono essere stimati a causa dei loro effetti moltiplicatori. Anche se qualcuno ha molta esperienza nell'esercizio della professione, la mancanza di comunicazione a livello di madrelingua può portare a gravi riserve.

Un possessore ungherese di una borsa di studio statale, che ha passato sei mesi all'estero, e si è laureato con merito in Economia – studiando e facendo contemporaneamente pratica della professione – mi ha raccontato una storia istruttiva a tal proposito:

«Discussione, dibattito, armonizzazione: qui in Ungheria, se parliamo con persone inglesi madrelingua, siamo noi ad adattarci a loro. Qui nella nostra compagnia, per esempio, c'è un solo collega inglese che non parla ungherese, e perciò tutti parlano inglese. Se parliamo di qualsiasi cosa, lo facciamo in inglese. Se prendiamo qualunque ragionamento, le sue argomentazioni sono espresse molto meglio, sostenute molto meglio delle nostre che sono in un inglese imparato. Se potessimo ragionare in ungherese, i risultati sarebbero spesso diversi!»

Secondo lui ci sono privilegi aggiuntivi e immotivati ottenuti solo perché la lingua madre di una persona è l'inglese:

«Abbiamo qui delle presentazioni con l'audio in inglese dalle quali possiamo raccogliere informazioni su settori dell'industria, prodotti, e così via. Ognuno deve sostenere un esame in proposito, senza eccezioni! Tutti tranne lui, perché lui è madrelingua. Spesso non sa delle cose e le viene a chiedere a noi. Per quale motivo egli non deve sostenere l'esame? Le presentazioni sono comunque in lingua inglese...»

Ovviamente questa non è una situazione infrequente all'interno delle compagnie.

Un'altra parte della storia descrive i dipendenti che parlano in maniera meno efficace:

«Durante un incontro, ad esempio, se qualcuno non parla bene in inglese, quella persona non si azzarda a parlare, ma se la conversazione fosse stata in ungherese probabilmente avrebbe parlato. Ovviamente non è possibile che egli sia l'unico a parlare in ungherese.»

Fa parte degli svantaggi sopra citati il fatto che i dipendenti di madrelingua inglese abbiano un salario più alto, cosicché è vantaggioso per loro lavorare lì, sebbene accada che lavorino meno e abbiano meno entusiasmo rispetto ai dipendenti ungheresi.

Occorre ricordare anche il divario di un anno lavorativo utilizzato per imparare le lingue, poiché mentre alcuni imparano la lingua straniera, i madrelingua inglesi (britannici o irlandesi, per ciò che concerne l'Europa) possono usare quel tempo per migliorarsi nella professione o in altri ambiti, ottenendo dei vantaggi competitivi ingiusti nei confronti degli altri.

V. Vantaggio competitivo del Regno Unito nell'Unione Europea, a causa della disuguaglianza linguistica

È risaputo che il predominio della lingua inglese è altissimo nelle relazioni internazionali all'interno dell'Unione Europea. Nei paesi membri il tasso di insegnamento dell'inglese come lingua straniera sta salendo e, come mostra la Tabella 2, il numero di parlanti inglesi nei gruppi più giovani sta aumentando (i dati della tabella sono in percentuale).

Tabella 2: la conoscenza della lingua inglese nei paesi membri UE per gruppi d'età nel 2000.

* inclusi anche Irlanda e Regno Unito *Fonte: Eurobarometro*

Paese	Età						
	15-25	26-44	45-64	65+	Più alto divario tra i gruppi esaminati	Differenza tra il gruppo di età 15-25 e quello di età 26-44	Intero paese
Germania (ovest)	54.8	40.4	32.3	13.8	41.0	14.4	34.6
Germania (est)	47.7	22.5	10.9	4.0	43.7	25.2	18.6
Austria	50.9	33.6	18.6	10.2	40.7	17.3	29.4
Belgio	49.5	33.8	24.7	8.7	40.8	15.7	29.5
Danimarca	74.4	66.2	50.2	31.3	43.1	8.2	56.1
Spagna	29.8	18.7	6.0	1.3	28.5	11.1	15.3
Finlandia	59.6	47.4	21.3	6.2	53.4	12.2	36.9
Francia	42.0	28.7	15.2	5.4	36.6	13.3	24.4

Grecia	67.3	36.9	12.0	4.9	62.4	30.4	29.4
Italia	45.3	26.9	7.8	2.3	43.0	18.4	21.5
Lussemburgo	46.2	43.5	36.0	32.5	13.7	2.7	40.3
Paesi Bassi	76.0	73.2	53.0	38.1	37.9	2.8	63.7
Portogallo	42.6	24.9	9.7	2.3	40.3	17.7	21.3
Svezia	93.1	86.9	72.5	55.1	38.0	6.2	78.3
UE-15*	40.2	30.3	18.5	8.5	31.7	9.9	24.6

Tabella 3: Le tre lingue straniere usate più frequentemente nei paesi membri e candidati dell'Unione Europea nel 2005

Fonte: Eurobarometro

Belgio		**Repubblica Ceca**		**Danimarca**	
Inglese	52%	Tedesco	31%	Inglese	83%
Francese	44%	Inglese	24%	Tedesco	54%
Tedesco	25%	Russo	19%	Svedese	19%
Germania		**Estonia**		**Grecia**	
Inglese	51%	Russo	62%	Inglese	44%
Francese	12%	Inglese	41%	Francese/ Tedesco	8%
Tedesco	7%	Finlandese/ Tedesco	18%	Italiano	3%
Spagna		**Francia**		**Irlanda**	
Inglese	20%	Inglese	34%	Irlandese/ Celtico	21%
Spagnolo	9%	Spagnolo	10%	Francese	19%
Francese	8%	Tedesco	7%	Inglese	6%
Italia		**Cipro**		**Lettonia**	
Inglese	29%	Inglese	71%	Russo	67%
Francese	11%	Francese	11%	Inglese	34%
Tedesco/ Spagnolo	4%	Tedesco/ Italiano	3%	Lettone	24%

Lituania		Lussemburgo		Ungheria	
Russo	79%	Francese	90%	Tedesco/ Inglese	16%
Inglese	26%	Tedesco	84%	Russo/Altre	2%
Polacco	17%	Inglese	66%	Varie lingue	1%
Malta		**Paesi Bassi**		**Austria**	
Inglese	89%	Inglese	87%	Inglese	53%
Italiano	60%	Tedesco	66%	Francese	11%
Francese	17%	Francese	24%	Italiano/Altre	8%
Polonia		**Portogallo**		**Slovenia**	
Inglese	25%	Inglese	26%	Croato	61%
Russo	24%	Francese	20%	Inglese	56%
Tedesco	19%	Spagnolo	10%	Tedesco	45%
Slovacchia		**Finlandia**		**Svezia**	
Ceco	31%	Inglese	60%	Inglese	85%
Tedesco	28%	Svedese	38%	Tedesco	28%
Russo	25%	Tedesco	17%	Francese/ Norvegese	10%
Gran Bretagna					
Francese	14%				
Inglese	7%				
Tedesco	6%				
Bulgaria		**Croazia**		**Romania**	
Russo	21%	Inglese	43%	Inglese	26%
Inglese	15%	Tedesco	33%	Francese	17%
Bulgaro	11%	Italiano	12%	Altre	5%
Turchia		**Comunità Turchia e Cipro**			
Inglese	18%	Inglese	43%		
Turco	6%	Greco	19%		
Tedesco	4%	Tedesco	5%		

Secondo quanto riportato dalla Tabella 3, l'inglese è la lingua straniera più conosciuta nei paesi della UE: con una percentuale del 34%, sorpassa di gran lunga il tedesco (12%) e il francese (11%). Inoltre il suo predominio cresce anno dopo anno[13].

La fig. 3 mostra che Regno Unito, Ungheria e Turchia presentano il numero più basso di persone che parlano almeno una lingua straniera all'interno dei paesi membri e candidati della UE. Ciò dimostra anche che il Regno Unito non spende molto nell'istruzione linguistica, e che i cittadini britannici di fatto non hanno bisogno di imparare lingue straniere. Sembra che, nella situazione attuale, essi si aspettino che ogni paese membro capisca la loro lingua, cioè l'inglese.

Fig. 3: Percentuale dei parlanti di lingue straniere nei paesi membri e candidati della UE nel 2005 *Fonte: Eurobarometro*

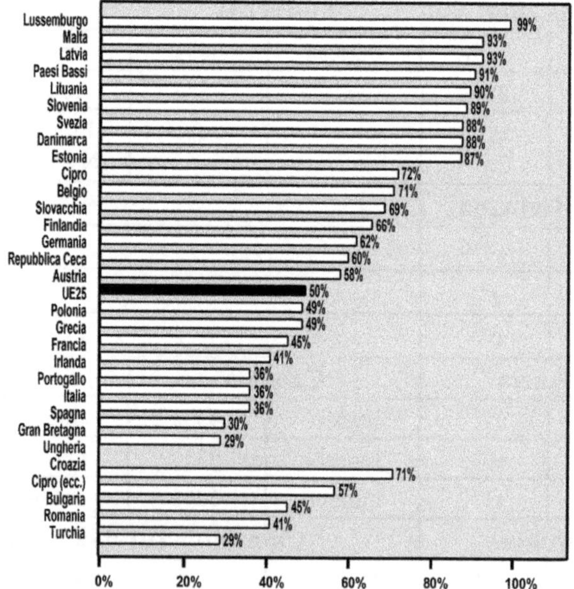

Per le ragioni sopra citate, esamino e riassumo il tipo di vantaggio competitivo di cui usufruisce il Regno Unito, e di quali svantaggi soffrono gli altri paesi membri, dovuti al predominio della lingua inglese nella UE

1. Costi diretti dell'apprendimento linguistico

La spesa diretta per l'apprendimento delle lingue nell'Unione Europea potrebbe essere di 70 miliardi l'anno, compresa quella del Regno Unito.

Tuttavia, questo è il paese dove le lingue straniere generalmente non vengono insegnate. Solo nel 3% delle scuole di ogni livello si insegnano lingue straniere a tutti gli studenti, 20-30 minuti a settimana. Un'indagine ha individuato non più di tre scuole dove si impiegano più di 50 minuti a settimana per l'istruzione linguistica. Secondo stime approssimative la spesa pro capite sarebbe di 36 euro[14]. In confronto alla Francia, ad esempio, nel Regno Unito si risparmiano 100 euro pro capite a causa della ridotta istruzione linguistica. Ciò equivale a 6 miliardi di euro annui. In totale la spesa del Regno Unito è di 2165 miliardi, mentre quella della Francia è di 8235 miliardi di euro. Se ipotizziamo dati simili per gli altri paesi membri, giungiamo alla conclusione che la spesa dell'istruzione linguistica in Gran Bretagna è minima rispetto alla spesa totale degli altri paesi. Con questi dati perciò lo svantaggio dovuto all'istruzione linguistica degli altri paesi membri è di 70 miliardi l'anno.

2. Costi opportunità dell'apprendimento linguistico

Nei paesi dell'Unione dei 25 i costi opportunità dell'apprendimento delle lingue sono pari a 210 miliardi di euro. Bisognerebbe sottrarre ad essi le spese del Regno Unito, le quali però non sono significative a causa delle ragioni sopra menzionate.

3. Costi risultanti da altri fattori

Raggruppo qui i fenomeni descritti nelle sezioni II-IV (spese dovute alle informazioni perse a causa di problemi linguistici, altri costi extra della vita sociale ed economica, lo svantaggio delle persone che non parlano la determinata lingua ad un livello effettivamente elevato). È straordinariamente arduo definire numericamente gli svantaggi provenienti dei costi extra causati da "altri fattori". Presumibilmente non è possibile utilizzare a tal fine i dati macroeconomici, ma possiamo applicare il metodo "dal basso", indagando su quanti costi extra si presentano a certe compagnie e imprese, e da queste informazioni ricavare la spesa per l'economia nazionale. Tuttavia, i tempi e le condizioni finanziarie per redigere questo studio sono tutt'altro che sufficienti. È molto probabile comunque che questi ultimi superino i costi dell'apprendimento delle lingue, ed ho perciò calcolato per questi fattori una cifra di 70 miliardi di euro.

4. Sommario

Riassumendo i tre grandi fattori precedenti, il risultato è 70+210+70=350 miliardi di euro. Perciò il Regno Unito ha ogni anno questo grande vantaggio sugli altri paesi membri dell'Unione. L'ammontare di questa somma è il 3,2% del PIL dell'Unione Europea (che nel 2005 è stato di 10817 miliardi di euro). È questo un importo ingente che di fatto influenza significativamente la competitività, e quindi l'Unione Europea e i suoi Stati membri dovrebbe prendere seriamente in considerazione la questione.

La popolazione dell'Unione Europea era di 460 milioni nel 2005, e la popolazione del Regno Unito di 60 milioni. Perciò facciamo il calcolo con 400 milioni di persone, escludendo la popolazione britannica. Se dividiamo i 350 miliardi di euro per i 400 milioni di persone, otteniamo 875 euro a testa. Quindi il Regno Unito "deve" ai cittadini degli altri paesi membri questa somma di denaro.

Occorre sottolineare, comunque, che la situazione sopra descritta non vale per un solo anno, ma è andata avanti per lungo tempo. Quindi i costi della concorrenza sleale si stanno accumulando. Ciò significa ulteriori e molteplici svantaggi dovuti al tasso di interesse sulla mancanza di entrate, considerando anche l'anno di divario che si ripete costantemente ad ogni generazione, senza considerare la carenza cumulativa di entrate pubbliche.

(Anche l'Irlanda è presumibilmente tra i beneficiari. Ciò nonostante credo ingiusto considerare Irlanda e Regno Unito alla stessa stregua, dato che l'Irlanda è stata conquistata e oppressa dall'Inghilterra, e la lingua inglese è stata loro imposta. Comunque la lingua irlandese continua a vivere e ad essere largamente usata, e sarebbe anche molto importante mantenere e supportare la cultura e le tradizioni irlandesi!)

Nei calcoli sopra riportati non ho tenuto conto del fatto che la discussa competizione ingiusta non è soltanto tra Regno Unito e altri Stati membri, ma esiste anche a livello globale, e i primi a trarne vantaggio sono gli Stati Uniti d'America, che sono anche i maggiori responsabili di questa situazione. Nondimeno questo dovrebbe essere argomento di un altro studio, poiché io ho tentato di valutare la portata dell'alterazione della competitività causata dalla disuguaglianza linguistica esclusivamente nell'Unione Europea.

VI. Proposte per l'attenuazione del problema

Come per ogni tipo di problematica sociale, il primo passo è quello di dare al pubblico e a coloro che prendono le decisioni la consapevolezza della situazione, affinché entrino in possesso delle informazioni necessarie e siano in grado di intraprendere, con cognizione di causa, delle iniziative per contrastare il problema che fino a quel momento è stato accuratamente trascurato.

D'altro canto, la Commissione Europea deve esaminare le possibilità che potrebbero porre rimedio al problema e quindi prendere decisioni inerenti il più presto possibile, dato che, secondo il Trattato che istituisce la Comunità Europea, è dovere della Commissione Europea sorvegliare sul rispetto dei principi del Trattato.

«*Articolo 211*

Al fine di assicurare il funzionamento e lo sviluppo del mercato comune nella Comunità, la Commissione:

— vigila sull'applicazione delle disposizioni del presente trattato e delle disposizioni adottate dalle istituzioni in virtù del trattato stesso,

— formula raccomandazioni o pareri nei settori definiti dal presente trattato, quando questo esplicitamente lo preveda ovvero quando la Commissione lo ritenga necessario,

— dispone di un proprio potere di decisione e partecipa alla formazione degli atti del Consiglio e del Parlamento europeo, alle condizioni previste dal presente trattato,

— esercita le competenze che le sono conferite dal Consiglio per l'attuazione delle norme da esso stabilite».

Riconoscendo questi principi, quel che mi chiedo è: quando e come la Commissione Europea intende obbligare il Regno Unito a pagarci la somma di denaro derivata dall'ingiusto vantaggio competitivo qui descritto nel dettaglio?

Fonti

1. Trattato che istituisce la Comunità Europea. Diritto fondamentale dell'Unione Europea – testo dei contratti e dei documenti relativi alla base dell'Unione Europea (versione operativa dopo l'unione e scritta in una struttura organica). http://eur-lex.europa.eu/it/treaties/dat/12002E/pdf/12002E_IT.pdf

2. Flexibility and Competitiveness: Labour Market Flexibility, Innovation and Organisational Performance (Flex-Com) [Flessibilità e competitività: flessibilità del mercato del lavoro, innovazione e rendimento gestionale]. Rapporto finale dei partecipanti: progetto finanziato dalla Commissione Europea, Direttorato Generale della Ricerca nel quadro del Contratto HPSE-CT-2001-0009. http://ec.europa.eu/research/social-sciences/pdf/finalreport/98-3068-finalreport.pdf

3. Rapporto sulla competitività globale. Forum Economico Mondiale. http://www.weforum.org/en/initiatives/gcp/Global%20Competitiveness%20Report/index/htm

4. Grin, François. **L'insegnamento delle lingue straniere come politica pubblica**, rapporto stilato su richiesta dell'Alto Consiglio di valutazione della scuola, settembre 2005. Pubblicato in Italia da Esperanto Radikala Asocio, Roma 2009.

5. Magyar Statisztikai Évkönyv 2005 (Annuario delle statistiche d'Ungheria), KSH, Budapest, 2006.

6. Háztartásstatisztikai Évkönyv 2005 (Annuario delle statistiche domestiche), KSH, Budapest, 2006.

7. Supplement to the 2002 GFS Yearbook [Supplemento all'annuario 2002 delle statistiche sulla finanza pubblica], FMI.

8. Europe in figures [L'Europa in numeri], annuario dell'Eurostat 2006-07.

9. Phillipson, Robert. **English-Only Europe?**, Routledge, Londra 2003.

10. Grin, François. **L'insegnamento delle lingue straniere come politica pubblica**, Roma, Esperanto Radikala Asocio.

11. ASSIM, 2000: **Évaluation de l'incidence économique et sociale du**

multilinguisme en Europe [Valutazione dell'incidenza economica e sociale del multilinguismo in Europa]. Rapporto finale – Fase 3, aggiornamento quantitativo.
12. Grin, François. **L'insegnamento delle lingue straniere come politica pubblica**, Roma, Esperanto Radikala Asocio.
13. Europeans and Languages [Gli europei e le lingue]. Eurobarometer 2005. http://ec.europa.eu/public_opinion/archives/ebs/ebs_237.en.pdf
14. Grin, François. **L'insegnamento delle lingue straniere come politica pubblica**, Roma, Esperanto Radikala Asocio.

Ringraziamenti

Oltre ai miei collaboratori, desidero esprimere i miei ringraziamenti alla Dott.ssa. Antalóczy Katalin per i suoi utilissimi commenti alla stesura del mio studio.

Vorrei anche ringraziare Cindy McKee (USA), Marco Trevisan Herraz (Italia) e Fabien Tschudy (Francia) per la correzione della traduzione in inglese.

Lo studio e i contatti sono disponibili su
http://www.ekolingvo.com.

Grafica e impaginazione di Chiara Arcadi
Traduzione italiana di Marco Cattaneo e Camillo Maffia

www.centopercentoitaliano.it

Con la Legge 14 maggio 2005, n. 80 le donazioni alle Onlus, provenienti sia da persone fisiche che giuridiche, possono contare su una deducibilità nel limite massimo del 10% fino ad un massimo di 70mila euro. Per esempio: un soggetto con un reddito di 700mila euro potrà contare su una deducibilità di 70mila euro, equivalente appunto al 10% - la massima. Ma se il reddito è superiore, la parte deducibile resterà sempre di 70mila euro.

Puoi altresì sostenere la ***"Esperanto" Radikala Asocio*** onlus non solo con la tua iscrizione ma, anche, con il **5 x 1000** dell'Irpef senza che ti costi assolutamente nulla. È infatti possibile devolvere a **"Sostegno del volontariato, delle organizzazioni non lucrative di utilità sociale, delle associazioni di promozione sociale, delle associazioni e fondazioni"** come l'ERA onlus il 5 per 1000 dell'Irpef. Per farlo basta scrivere nell'apposito riquadro che figura sui modelli di dichiarazione (CUD 2006; 730/1- bis redditi 2005; UNICO persone fisiche 2006) il **Codice fiscale 97104360587** e apporre sopra la propria firma. Tieni presente che se non sei obbligato a presentare la dichiarazioni dei redditi, ma percepisci comunque redditi (ad esempio la pensione), puoi sempre consegnare solo la **"SCHEDA PER LA SCELTA DELLA DESTINAZIONE DEL CINQUE PER MILLE DELL'IRPEF".**

Allora ti chiediamo d'accogliere questo nostro invito e di fartene anche promotore presso i tuoi familiari, parenti ed amici chiedendo a ciascuno di farci sapere fin d'ora l'adesione a questa nostra richiesta all'indirizzo di posta elettronica **info@democrazialinguistica.it** o all'indirizzo postale dell'Associazione Radicale "Esperanto", Via di Torre Argentina 76, Roma 00186.

L'Era ci mette il cuore, Tu ci metti la firma.

SCELTA PER LA DESTINAZIONE DEL CINQUE PER MILLE

Sostegno del volontariato e delle altre organizzazioni non lucrative di utilità sociale, delle associazioni di promozione sociale e delle associazioni e fondazioni riconosciute che operano nei settori di cui all'art. 10, c. 1, lett a), del D.Lgs. n. 460 del 1997

FIRMA *Nome Cognome*

Codice fiscale del beneficiario (eventuale) 97104360587

www.ingramcontent.com/pod-product-compliance
Ingram Content Group UK Ltd.
Pitfield, Milton Keynes, MK11 3LW, UK
UKHW021654190726
13853UKWH00001B/253